„Ich bin gegen jede Bagatellisierung und Beschwichtigung, aber ebenso wende ich mich entschieden gegen das Schüren von Katastrophenstimmung."

Helmut Kohl

MARKUS

NACHRICHTEN AUS DER BANANENREPUBLIK

POLITISCHE KARIKATUREN

Herausgeber:
Heiner Bremer, Michael Jürgs, Klaus Liedtke
Gestaltung: Bernd Bartmann
Produktion: Druckzentrale G + J
Druck: Mohndruck, Gütersloh

1. Auflage 1986
ISBN: 3-570-03201-9

MARKUS

„Ich bin es leid, täglich für den Aufschwung Reklame zu machen, und möchte endlich wieder mit dem Mercedes ins Kanzleramt!“

„Bitte auf 1950 zurückstellen!“

„Es soll keiner sagen,
in der SPD sei nicht das Rüstzeug vorhanden,
um sich in der Opposition zu erneuern!“

„Wenn wir schon bereit sind, uns mit Ihnen politisch auseinanderzusetzen – müssen Sie zu jeder Wahldiskussion Ihre verdammte Schafherde mitbringen?"

„Und wir haben immer überlegt, woher er sein
unerschütterliches Selbstvertrauen nimmt!“

„Sein Stil unterscheidet sich doch erheblich von dem seines Vorgängers, nicht wahr, Mr. President?“

„Wir stehen voll hinter Ihrer Atompolitik, Herr Bundeskanzler – trotzdem möchten wir in Zukunft die Kabinettssitzungen wieder in Bonn statt in Biblis abhalten!“

„Und deshalb ... *keuch* ... sind wir heute mehr denn je ... *keuch* ... für den vollständigen Ausstieg aus der Atomwirtschaft ... *keuch!*“

„Jetzt ist Schluß mit den Leihstimmen,
Herr Bangemann – und meine fünf Füllhalter sollten
Sie mir auch endlich zurückgeben!“

NATÜRLICH MÜSSEN WIR UNS MEHR UM DIE JUNGWÄHLER BEMÜHEN, ABER ES IST VERDAMMT ANSTRENGEND, STÄNDIG DIE SPRUCHBLASEN HOCHZUHALTEN!
MARKUS

„Das ist keine sibirische Graugans – das ist Willy Brandt auf inoffizieller Friedensmission!“

„Immer wieder habe ich diesen
furchtbaren Traum, Herr Doktor, daß die FDP schrumpft
und schrumpft und schrumpft!“

„Nichts ist alberner als die Behauptung, ich sei ein Politiker,
bei dem allzu leicht die Sicherungen durchbrennen –
hat zufällig jemand eine Taschenlampe da?“

„Besorgen Sie sofort weitere fünfhundert Tauben, oder unsere Friedensaktion hebt nie vom Boden ab!“

„Sehen Sie denn nicht, daß es gar nicht mehr um unsere Nachnachnachrüstung auf die Nachnachrüstung der anderen Seite geht, sondern um die Nachnachnach-nachnachrüstung auf deren Nachnachnachnachrüstung?“

„Es ist einfach nicht wahr, daß die SPD geschlossen gegen die Raketenstationierung ist – ich zum Beispiel bin nach wie vor ... mmpf ... mmpf ..."

„Auf Ihr Programm zur Ankurbelung der Bauwirtschaft
kann ich gut verzichten, Herr Strauß!“

„Haben Sie denn immer noch nicht begriffen,
daß dies alles zwecklos ist, Herr Blüm?“

LIEBE PARTEIFREUNDE, ES MUSS ENDLICH SCHLUSS MIT DER PROFILNEUROSE IN DER F.D.P. SEIN!
7
8
1
9
10
11
5
3
4
2
6
MARKUS

„Wir können Adenauers Rat beim besten Willen nicht einholen, Herr Bundeskanzler – der einzige, der sich aus dem Jenseits meldet, ist Ludwig Erhard!“

„Sie müssen sich allmählich entscheiden, Herr Rau –
sollen wir Sie nun abschleppen oder nicht?“

Rita Süßmuth sagt, sie sei ihre Rolle
als Vorzeigefrau leid und möchte endlich wieder
ungestört arbeiten können!

„Ist es für ein Denkmal nicht noch
ein bißchen zu früh?“

„Lassen wir uns doch bitte nicht von interessierter Seite einreden, es gäbe hierzulande nur noch *ein* Thema, meine Damen und Herren!"

„Bis heute habe ich nicht herausfinden können, wer er ist, aber soll ich seine Spende deshalb zurückweisen?"

„Müssen die Abgeordneten jetzt tatsächlich
ihre Vermögensverhältnisse vor jeder Bundestagssitzung
offenlegen?"

„Ich brauche keinen Schutz vor der RAF,
Herr Zimmermann – hinter mir sind die Rentner her!"

„Sie können Präsident Reagan versichern,
daß zumindest die CDU treu hinter ihm steht,
Herr Botschafter!“

„Ich weiß, Bruder Johannes hat seinen eigenen Stil, aber muß das jedesmal sein, wenn er ins Erich-Ollenhauer-Haus kommt?“

„Du mußt ein bißchen Verständnis dafür haben,
Brigitte – das ist das neue Wir-Gefühl der SPD!"

„Sie sollten mal ein ernstes Wort
mit Herrn Hupka reden – diese ewigen Demonstrationen
im Kanzleramt müssen aufhören!"

Ich bin
ein
CHLESIER!
MARKUS

DGB
35 Stunden sind genu

„Stellen Sie endlich Ihre unsachliche
Kampagne ein, Herr Breit!“

„Unser Bundespräsident scheint für sein Amt
wie geboren zu sein!“

„Es hilft Ihnen wirklich nichts,
Herr Bundeskanzler, wenn ich Ihnen verrate, welches After-Shave
Richard von Weizsäcker benutzt!“

„Ich weiß, Sie wollen die Elite mehr fördern,
Herr Genscher – aber mußte für die Thüringer Bratwurst
wirklich Paul Bocuse eingeflogen werden?“

„Da sehen Sie es selbst: Genscher denkt auch nicht im Traum daran, das Außenministerium aufzugeben!“

„Guten Tag, Herr Müller! Sie haben eine
Urlaubskarte von Ihrem Schmusekätzchen bekommen,
die wie folgt lautet ...“

„Dies ist keine Manöverfalle der
Friedensbewegung – wir haben ein paar von Schwarz-Schillings
blöden Kabeln erwischt!“

„Ich weiß, wie dir die deutsch-amerikanische Freundschaft am Herzen liegt, aber mußte die erste Pershing 2 ausgerechnet in Oggersheim stationiert werden?“

„Ob die Friedensbewegung nun unser Bundesgenosse ist oder nicht – ich möchte Sie herzlich bitten, künftig die Tür zu benutzen, Frau Kelly!“

„Diesmal will er persönlich in Wackersdorf
für Ordnung sorgen!“

„Das wird Zimmermanns Verleumdern fürs erste
den Wind aus den Segeln nehmen!“

„Es ist die erste ihrer Art mit Sonnenantrieb – trotzdem bin ich sicher, daß die SPD wieder etwas zu meckern haben wird!“

„Es ist keine SS-20, Herr Bundeskanzler –
Franz Josef Strauß befindet sich
im Anflug aus dem Raum München!"

„Zuerst die gute Nachricht: Diese Motorsäge ist abgasarm und absolut bleifrei!“

„Es sieht nicht so aus, als ob der deutsche Wald
noch zu retten ist!"

„Welcher Saukerl hat heute nacht meine schöne Waldtapete ausgewechselt?“

„Wir sind sicher, daß er es besser machen würde – aber Wallraff hat soeben abgelehnt, bis zu den Wahlen den Kanzler zu spielen!“

„Erst der Krach mit den Gewerkschaften, dann das Ermittlungsverfahren, dann Tschernobyl – und jetzt fangen Sie auch noch an, das Bundeskanzleramt zu verkabeln, Herr Schwarz-Schilling!"

„Er glaubt nach wie vor, alles habe nur daran gelegen, daß die Regierungsarbeit nicht gut genug verkauft wurde!"

„Geben Sie es doch auf, Herr Geißler –
im Alleingang werden Sie die Geburtenrate in der
Bundesrepublik nicht erhöhen!"

„Die neuen Bestimmungen der Bundesregierung
sehen vor, daß künftig jeder Erwerbstätige persönlich
für zwei Rentner aufzukommen hat: Sie beide
sind mir zugeteilt worden!"

„Jetzt hilft alles Aussitzen nichts mehr,
Herr Bundeskanzler – wir müssen schwimmen!“

„Wo Vogel Ferien macht, ist immer schlechtes Wetter!“

„Eigentlich wäre ich ja lieber mit der Lufthansa
nach Moskau geflogen!“

„Ich wäre doch sehr dankbar, wenn wir zu
einer etwas sachlicheren Debatte zurückkehren könnten,
Herr Strauß!"

„Sie hätten sich den Entwurf vorher etwas genauer ansehen sollen, Herr Wörner!"

„In letzter Zeit hat seine Autorität
verständlicherweise etwas gelitten!"

„Wir hätten uns bei den EG-Partnern besser durchsetzen sollen, Herr Zimmermann – auch Köhnlechner wird es nicht schaffen, daß der Wald bis 1989 durchhält!"

„Ich war ja auch dafür, daß unser Verband
gegen das Tempo-Limit demonstriert – aber doch nicht
auf der Gegenfahrbahn!“

„Die Meute hat einen führenden Mann
der Auto-Lobby gestellt!"

„Sobald er von der rot-grünen Gefahr anfängt, schalten Sie vorsichtshalber den Katalysator dazwischen!"

„Ich hab's gewußt, er scheint voll bei Reagans Star-Wars-Programm einsteigen zu wollen!"

„Ich persönlich habe echt Zweifel am Rotationsprinzip ...“

„Wenn sich aber hinterher herausstellt,
daß Sie gar nicht Waltraud Schoppe von den Grünen sind,
habe ich Sie womöglich umsonst geküßt!“

„Wenn Franz Josef Strauß mir nicht bald meinen Stuhl zurückgibt, kann ich nicht mehr lange mitschunkeln, Herr Bundeskanzler!“

„Machen wir uns nichts vor, Genossen – auf die Dauer
können wir uns den neuen Medien nicht entziehen!"

„Ach, du meine Güte – Caspar Weinberger hat sich schon wieder eine neue Wunderwaffe ausgedacht!"

„Wenn Sie unbedingt gegen den 116 klagen wollen,
Herr Rau, dann tun Sie's, aber bitte ohne dieses Theater!"

„Da siehst du es selbst, Hans-Jochen – bei dir hat es im Urlaub doch immer nur geregnet!“

„Genosse Deng sagt: Keine Schwieligkeit, noch 70000 Ausbildungsplätze fül deutsche Lehllinge zu schaffen!“

„Um Ihnen die Wartezeit etwas zu verkürzen, führt Herr Minister Blüm jetzt einen perfekten Aufschwung vor!"

„Das ist die Direktleitung zum SPD-Präsidium – den Schlüssel habe ich eben runtergeschluckt!“

„Es wird der Untersuchungsausschuß des Bundestages sein!“

„Ehe Sie endgültig mein Nachfolger werden, müssen Sie aber noch fleißig üben, Herr Bangemann!"

„Geißler läßt wirklich nichts unversucht,
um das Image des Kanzlers aufzupolieren!"

„Wenn der Pazifismus sich bei der Jugend weiter ausbreitet, werden wir auf die bewährten Jahrgänge zurückgreifen müssen!“

„Frauen zur Bundeswehr? Niemals!“

„Seit unserer Spionagegeschichte sind die Amerikaner sehr zurückhaltend mit Informationen über SDI!“

„Könnten Sie uns Ihre Vorschläge nicht künftig in Form von Aktennotizen unterbreiten, Herr Bangemann?“

„Was hast du eigentlich von deinen Parteifreunden geschenkt bekommen, Jochen?“

„Ich glaube, wir haben den Grünen jetzt
genügend Gesprächsbereitschaft signalisiert – Sie können
den Plastikrasen wieder einrollen!"

„Wie oft soll ich es Ihnen noch sagen, Herr Bundeskanzler:
Ich bin wirklich kein Sicherheitsrisiko!“

„Das haben wir gern, mein Junge – erst Asyl beantragen und sich dann über die Unterbringung beschweren!“

„Ist das wirklich alles, was Sie zur Diskussion der Frauenfrage beizutragen haben, Herr Bundeskanzler?“

„Sobald ich den Geigerzähler auf ihn gerichtet habe, läßt du das Ticken vom Band laufen!“

„Es wäre schon besser, Sie würden die Bundestagsdebatte verfolgen, Herr Bundeskanzler, als ständig und überall die Anweisungen Ronald Reagans entgegenzunehmen!“

„Na, Herr Zimmermann – nehmen wir es mit unserer
Dienstaufsicht jetzt etwas genauer?“

„Einen Arbeitsplatz hat Kohl uns tatsächlich verschafft – aber 25 Pfennig die Stunde haut einen auch nicht gerade um!"

„Alles was recht ist, Hannelore – aber die Null-Lösung ist kein Karnevalskostüm!“

„Hätten wir mit den neuen Dienstwagen nicht
warten sollen, bis sich die Aufregung um das Tempo-Limit
etwas gelegt hat, Herr Dollinger?“

„Wir wollten Sie bitten, uns den Rentner der Zukunft zu züchten: Er muß mit zwei Scheiben Knäckebrot pro Tag auskommen!“

„Können Sie nicht wenigstens heute einmal anderswo ermitteln, meine Herren?“

„Mal ehrlich, Herr Schwarz-Schilling –
haben Sie wirklich nichts Besseres zu tun, als die neuen
Telefonbücher zu signieren?“

„Seit voriger Woche sind wir privatisiert –
Stoltenberg brauchte noch Geld für den Bundeshaushalt!"

„Die vielen Steuerverfahren haben das Klima total verdorben – als ich die Hand ausstreckte und ihn um eine Parteispende bat, hat er seine Zigarre drauf ausgedrückt!“

„Tun Sie doch nicht so unschuldig,
Herr Strauß – ich weiß genau, wer mir Professor Hackethal
zur Sterbehilfe ins Haus geschickt hat!"

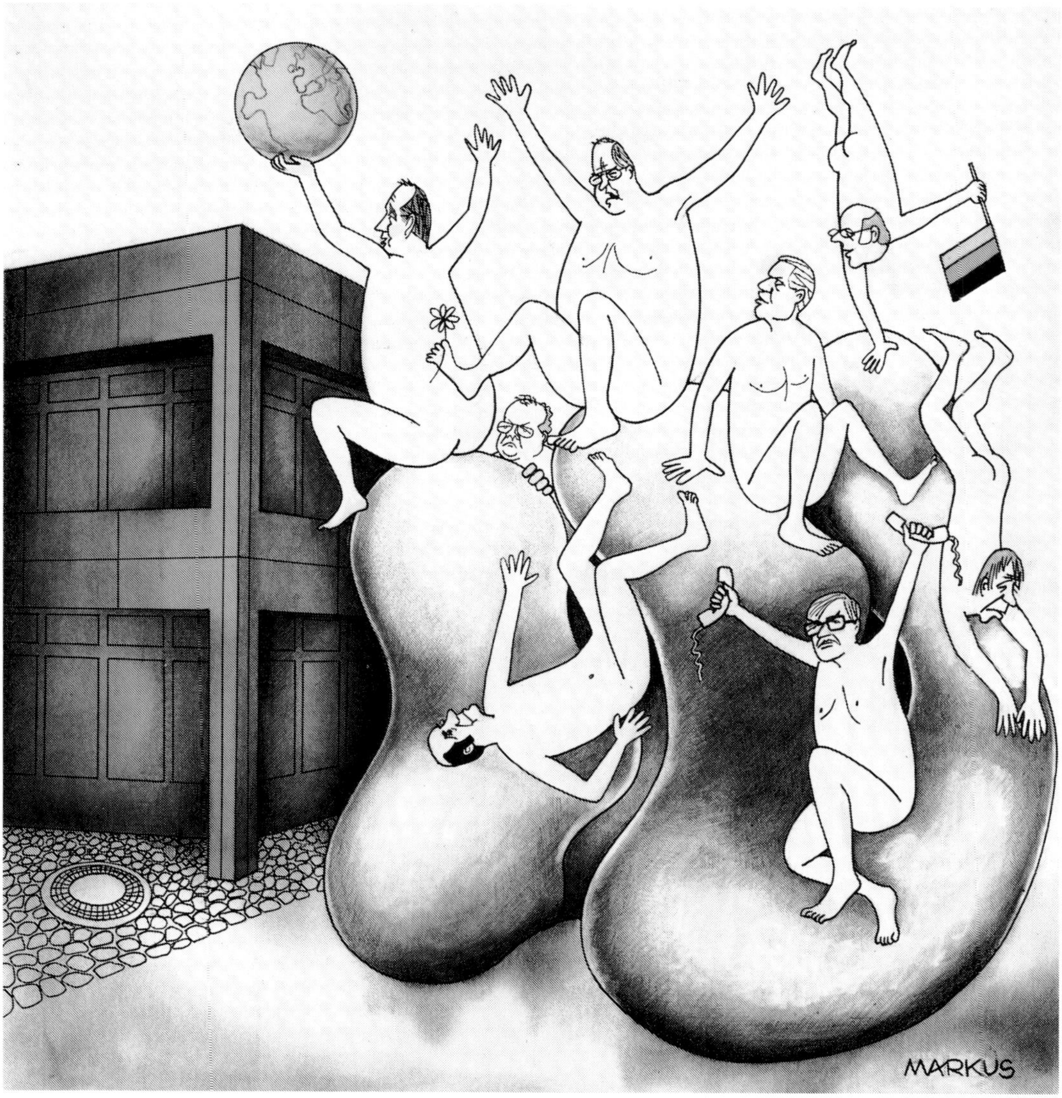

„Das ist garantiert das letzte Mal, daß ich das Sommertheater von Peter Zadek inszenieren lasse!“

„Na, Herr Kollege – mal wieder Ärger mit den Bayern?“

Ich bin gegen
Tierversuche

„Präsident Reagan sagt, wenn Sie ihm Ihre Vivaldi-Cassette leihen, borgt er Ihnen den Soundtrack von 'Star Wars'!"

„Die deutsche Kunststoffindustrie dankt Ihnen,
Herr Minister Riesenhuber, herzlich für Ihren kühnen Plan
zur Rettung des Waldes!"

„Ein bißchen wird es noch dauern, Herr Bundeskanzler – wir sind in eine Schleppnetzfahndung wegen uneidlicher Falschaussage geraten!“

„Stimmt etwas mit meinem Terminkalender nicht, Juliane – oder kungeln die womöglich schon meinen Nachfolger aus?“

„Geißler weiß eben genau, daß wir uns jetzt stärker
um die Bauern bemühen müssen!“

„Biedenkopf ist jedenfalls wieder voll da!“

„Nein, Sie dürfen die Geburtstagstorte des DGB nicht probieren – holen Sie endlich heißes Wasser und ein Handtuch!“

„Bei dem kommt jede Hilfe zu spät – alles, was er von sich gibt, ist: 'Die Renten sind sicher, die Renten sind sicher!'"

„Wir haben ihn das letzte Mal bei Ludwig Erhard benutzt!“

„Üben, üben und nochmal üben – bis zur Bundestagswahl
mußt du *auf* dem Wasser gehen können, Johannes!"

„Glauben Sie nicht, daß es
überzeugender wäre, wenn Sie den Reaktor einfach
abschalten würden, Herr Wallmann?"

„Ganz unter uns, Herr von Dohnanyi – Sie haben den Draht zu den Alternativen doch hoffentlich nicht ganz abreißen lassen?"

„Allmählich glaube ich wirklich, daß Sie nicht überblicken, was in Ihrem Ministerium alles so vorgeht, Herr Wörner!“

„Die Skandale reißen nicht ab. Jetzt hat irgendein Schuft dem Schily auch noch eine Rolle in der Schwarzwaldklinik verschafft!"

„Mußten wirklich alle Kabinettsmitglieder
Wohnungen der Neuen Heimat kaufen, Herr Bundeskanzler,
nur damit der DGB seine Kampagne
gegen den 116 abbläst?"

„Was dieses Unternehmen als erstes wieder braucht,
ist ein gemeinnütziger Anstrich!"

„Da oben wird einmal auch unser Laser-Satellit
seine Bahn ziehen, Hans-Dietrich!“

„Sobald der Bundeskanzler seine
Vivaldi-Platte zu Ende gehört hat, wird er den Herren
vom DGB gern persönlich erklären, wie absurd
die 35-Stunden-Woche ist."

„Für heute nachmittag hat sich die Kontrollkommission angesagt – besorgen Sie schnell etwas Moltofill!“

„In diesen Tagen spürt die CDU/CSU überall im Lande
einen mächtigen Aufwind!"

„Um halb sechs ist Bescherung bei Flick, weitersagen!“

„Er hat sich riesig über Ihr Geschenk gefreut –
kaum jemand ahnt ja, wieviel Kraft es ihn gekostet hat,
alle Probleme auszusitzen!“

„Herr Breit sagt, er denke gar nicht daran, die Mahnwache wieder abzuziehen!"

„Übst du noch länger an deiner Rede gegen
die SPD, Heiner, oder kann ich die Badezimmerseife
jetzt wiederhaben?“

„Nur weil Sie die SPD unsinnigerweise
für Moskau-hörig halten, Herr Geißler, haben Sie noch lange
kein Recht, mich jeden Morgen
vom Donkosaken-Chor wecken zu lassen!"

„Ich weiß nicht, ob ich Herrn Genscher stören kann, Herr Bundeskanzler – um im Training zu bleiben, übt er gerade wieder mal den Absprung!“

„Manchmal hat man auf diesem Sessel wirklich das Gefühl,
endgültig zum Abschuß freigegeben zu sein!"

„Möchten Sie in Sachen SDI erst den amerikanischen oder erst den sowjetischen Botschafter empfangen, Herr Bundeskanzler?“

„Gib's doch zu: Du bist gar nicht von den Bonner Philharmonikern – du bist der Fahrer von Norbert Blüm!"

„Mit seiner neuen Taktik macht Strauß uns unsere ganze Profilierungskampagne kaputt!“

*Nachdem er sich jahrelang
mit Helmut Kohl beschäftigt hatte,
stellte der Karikaturist bestürzt fest,
daß er dem Objekt seiner
Beobachtungen im Laufe der Zeit
immer ähnlicher wurde.*

„Hören Sie endlich auf, sich in meine Richtlinienkompetenz einzumischen, Herr Genscher – nicken kann ich alleine!“

„Bonn fragt zurück, wofür wir eigentlich die Bundweite
von Kanzler Kohl benötigen, Mr. President!“

„Wenn das so weitergeht, wird der Bundeskanzler auch den konservativen Blättern bald keine Interviews mehr geben “

„Bei Heiner Geißler predigst du ziemlich tauben Ohren, Johannes!“

„Der Kleine, der ständig wiederholt, die Renten seien sicher, war schon öfter hier – der andere, der das gleiche von unseren Atomanlagen behauptet, ist neu!"

„Wann haben Sie denn zum erstenmal gemerkt, daß
Sie das Lächeln nicht mehr abstellen können?“